Crianças Índigo

Rosana Beni

Crianças Índigo

Uma Visão Espiritualista

Histórias reais.
Como compreender essa nova
geração de crianças e jovens.

Copyright © 2007 by Rosana Beni

Direção geral: Nilda Campos Vasconcelos
Supervisão editorial: Silvia Segóvia
Editoração eletrônica: Breno Henrique
Foto da capa: Morgade Estúdio
Capa: Carlos Guimarães
Organização de texto: Majô Casarotto
Preparação: Fernanda Rizzo Sanchez
Revisão: Ruy Cintra Paiva

DADOS INTERNACIONAIS DE CATALOGAÇÃO NA PUBLICAÇÃO (CIP)
(CÂMARA BRASILEIRA DO LIVRO, SP, BRASIL)

Beni, Rosana
 Crianças índigo : uma visão espiritualista : histórias reais : como compreender essa nova geração de crianças e jovens / Rosana Beni. — Osasco, SP : Novo Século Editora, 2007.

 1. Auto-ajuda - Técnicas 2. Cor - Aspectos psicológicos 3. Crianças - Aptidão psíquica 4. Pais e filhos 5. Personalidade em crianças I. Título.

07-1952   CDD-155.45

Índices para catálogo sistemático:
1. Crianças índigo : Psicologia infantil 155.45

2012
IMPRESSO NO BRASIL
PRINTED IN BRAZIL
DIREITOS CEDIDOS PARA ESTA EDIÇÃO À
NOVO SÉCULO EDITORA LTDA.
CEA – Centro Empresarial Araguaia II
Alameda Araguaia, 2190 – 11º Andar
Bloco A – Conjunto 1111
CEP 06455-000 – Alphaville – SP
Tel. (11) 2321-5080 – Fax (11) 2321-5099
www.novoseculo.com.br
atendimento@novoseculo.com.br

AGRADECIMENTOS

Agradeço a Deus, a Jesus, a Nossa Senhora de Fátima e a meus Mestres.

À Fraternidade PAX Universal e Mestres da Grande Fraternidade Branca.

A todos os pais, familiares e crianças que colaboraram para o relato das histórias deste livro.

Ao amigo Mauricio de Sousa, por apoiar nosso projeto com o seu prefácio.

E ao meu marido, Fabio Parlatore, pelo seu amor.

DEDICATÓRIA

Dedico a todas as crianças índigo do Brasil, que vieram para resgatar o amor, o respeito e a paz entre os seres humanos.

Nota ao Leitor:
A pedido de alguns pais, os nomes dos seus filhos foram trocados.

SUMÁRIO

PREFÁCIO 9

APRESENTAÇÃO 13

INTRODUÇÃO 15

CAPÍTULO I 21

  Crianças azuis? 23

    Principais Características das
    Crianças Índigo 24

      1. Forte auto-estima 25
      2. Criatividade intensa 29
      3. Memória extraordinária 30
      4. Poder rápido de associação 32
      5. Dom da telepatia 35
      6. Dom da cura pelas mãos 39
      7. Transmutação da energia do
         ambiente 41
      8. Simpatia à tecnologia 43
      9. Código de ética próprio 44
      10. Capacidade de concluir
          situações e resolvê-las
          rapidamente 46

11. Senso de responsabilidade 47
12. Alimentação somente como meio de sobrevivência 52
13. Reconhecimento imediato de outro ser índigo 53

CAPÍTULO II 55
Dicas para conviver melhor com as Crianças Índigo 57
Receptores Vibracionais 57

CAPÍTULO III 63
Alguns já estiveram aqui antes, alguns vieram de outros planetas ou dimensões 65

CAPÍTULO IV 71
Outras histórias 73

CONCLUSÃO 81
Características das Crianças Índigo Sob a Visão Espiritualista 83
Prece das Crianças Índigo 87

PREFÁCIO

Quando a Rosana me pediu para escrever este prefácio sobre o fenômeno mundial das crianças índigo, eu ainda não tinha me dado conta dessa invasão maravilhosa, silenciosa, do bem, nascendo no âmago das famílias.

Antes de ler o texto gostoso, fluido, da Rosana, eu também não havia me dado conta de que tenho índigos na minha família. Mas daí eu começo a juntar pontas, a fazer algumas comparações, e vejo que as diferenças entre as crianças, hoje, vão, realmente, além da cor da pele, do estrato social, do nível escolar.

Diferenças que nos permitem uma avaliação mais clara, inclusive, entre o lado físico e o metafísico.

Não tenho muito o que escrever aqui, porque o texto que vem a seguir explica, e se explica, muito bem, mas quero deixar o testemunho de que há algo acontecendo de bom com uma parte de nossos descendentes. Há uma nova luz, um caminho aberto, uma nova forma de interação entre nós e alguns desses seres lindos que nos vieram

Crianças Índigo

como filhos, netos, até bisnetos (no meu caso). Eles nos induzem ao diálogo, à verdade, a reflexões sobre temas que, não fossem por eles, passariam batidos e, em geral, carregados de preconceitos.

No lado profissional eu tenho sentido essa "evolução" analisando a média de idade com que as crianças procuram (e entendem) nossas histórias em quadrinhos. Cada vez mais cedo. Nos meus contatos com crianças de diversos países percebo que o fenômeno é planetário. Crianças com os olhos mostrando a transparência da alma me inquirem sobre os porquês das histórias e das atitudes dos personagens, sugerem coisas, dão toques e não aceitam o não bem explicado. Não adianta alegarmos sono, cansaço, ignorância. Criança índigo não descansa enquanto não for atendida na sua busca incessante da informação, da verdade, do carinho.

Estamos bem arranjados, ou a gente sobe os degraus com eles ou ficamos todos frustrados. Eles, por não terem nossa compreensão e companhia, e nós porque arriscamos perder a oportunidade da evolução, da parceria, na busca do conhecimento da alma.

Se eu tivesse visão para as auras das pessoas, provavelmente enxergaria o azul do meu filho Mauricio Takeda, hoje um jovem de 18 anos, participante de uma banda de rock e fera no computador e nos *games* mundiais. Desde cedo manifestou sua vontade de debater e replicar idéias em todos os níveis. Inclusive na escola, onde fui chamado muitas vezes por não entenderem suas posições, que viam como rebeldia. Justo o Mauricio, tranqüilo, bondoso, artista sensível... mas ao mesmo tempo perguntador e de opiniões firmes.

Sem dúvida um índigo.

Que por suas características me inspirou a criação do personagem "Do Contra", nas historinhas da Turma da Mônica.

Depois veio meu bisneto mineirinho Daniel, maravilhando a família com sua inteligência, capacidade de comunicação e PORTUGUÊS CORRETO, IMPECÁVEL, AOS DOIS ANOS DE IDADE.

Crianças Índigo

Sem perder o jeito infantil, das traquinagens, da ansiedade para brincar.

Outro índigo, na família.

Vamos nos acostumando com essa legião de crianças maravilhosas que sabem mexer com nossas almas tão bem quanto desvendam os meandros das máquinas, dos computadores.

Não estamos sós...

MAURICIO DE SOUSA

Uma Visão Espiritualista

APRESENTAÇÃO

Há mais de dois anos recebi a intuição de escrever este livro. Assim como eu, muitas pessoas sentem e observam as crianças de hoje. E sabem que elas são diferentes, surpreendentes. Podemos até dizer que são crianças mais inteligentes, sensíveis, criativas, determinadas e com a incrível capacidade de aprender antes da idade prevista. O que está acontecendo? Seriam elas uma evolução natural da raça humana? Como explicar os dons que elas têm, tanto na área física como na metafísica?

Filosoficamente, sempre nos foi dito que as crianças são o futuro de uma nação. Mas a verdade é uma só: a maior parte das crianças nascidas nos últimos 15 anos está vindo com o DNA de alma modificado! São as crianças que vão comandar uma nova Terra. Uma Terra reciclada, em que os valores humanitários serão resgatados. Um mundo em que a violência não será mais atração nos meios de comunicação. Um lugar em que o respeito ao próximo, a fraternidade e o progresso caminharão lado a lado. Nos Estados Unidos, são inúmeros os centros de pesquisas e estudos sobre essas crianças. Elas são chamadas de índigo. Neste livro, vou citar alguns fatos reais impressionantes, que provam que essas crianças são especiais para o futuro da humanidade. Portanto, por serem especiais, seus familiares precisam de um alerta, uma orientação de como conviver com elas, entendendo seu crescimento e atitudes.

Não tenho a pretensão de ir contra qualquer área tradicional da psicologia infantil ou das escolas tradicionais. Só quero que vocês abram a consciência e entendam a necessidade de conhecer mais esse processo para poder conviver com essas crianças e compreender o conhecimento mais avançado que elas estão trazendo para todos nós.

As crianças índigo, certamente, representam uma esperança para o surgimento de uma nova raça humana. Uma nova consciência, em que a união dos povos da Terra permitirá que nosso grande sonho seja realizado: o da Paz Mundial!

Boa leitura,

Rosana Beni

Uma Visão Espiritualista

INTRODUÇÃO

Lembro-me de uma das vezes em que entrei em contato com uma criança índigo. Era noite de *réveillon*, estávamos sentados à mesa, entre amigos, contando os minutos para o ano-novo. De repente, recebi uma intuição relacionada a uma das minhas amigas. No momento, não sei bem como explicar de modo racional. Mas aquele era um sinal. Virei-me para ela e disse que, logo, logo, ela e o marido poderiam encomendar casaquinhos de lã. Eles teriam um bebê!

Assustados, eles me olharam e não entenderam nada. Afinal, eu parecia uma maluca fazendo profecias sem sentido. Meses depois, essa amiga, assustada, procurou-me para me dar a notícia: estava grávida, contrariando todos os planos do casal, que já estava muito satisfeito com a filha de 11 anos!

O que mais me chamou a atenção neste episódio foi que, mais uma vez, eu fui "comunicada" de que uma criança índigo estava para nascer. Antes, não conseguia entender o significado desses "avisos". A única coisa da qual tinha certeza era a vontade que essas crianças tinham de vir ao mundo. Tanto, que faziam questão de me "avisar" sobre isso.

Outro fato aconteceu com meu amigo e padrinho de casamento, Raul Sulzbacher. Além de ser um empresário de sucesso é também uma pessoa que está sempre praticando os valores humanos.

Logo depois de seu segundo casamento, tive um sonho premonitório. Na cena, Raul conversava com os clientes na sua loja Raul's, no Shopping Iguatemi, quando sua esposa Cristina entrou com uma criança de mais ou menos oito meses no colo. Raul parou imediatamente de conversar e com muita alegria recebeu seu filho e o pegou no colo. Na manhã seguinte, acordei e liguei para ele contando meu sonho, não sabendo os planos do casal sobre filhos. Depois de um ano a minha visão tornou-se realidade. Pedro, mais uma criança índigo, nasceu para a felicidade de seus pais.

Há mais de quatro anos tenho recebido mensagens dessas crianças tão especiais. Vários foram os momentos desses contatos telepáticos. Contatos esses antes de as mães engravidarem ou pensarem em gravidez.

Desde criança, tenho sensibilidade mediúnica, sonhos premonitórios e projeção astral espontânea (muitas pessoas também têm esses dons, mas não são conscientes disso). Nos últimos seis anos, tenho pesquisado sobre os dons paranormais e processos metafísicos para poder me entender melhor. Há três anos, tive uma projeção astral especial. Senti que estava sendo levada a um local diferente, como se fosse um lugar de reuniões. Quando lá cheguei, vi três tios meus, já falecidos, sentados um ao lado do outro. Na frente deles havia uma fila de pessoas desconhecidas; pareciam estar se apresentando a eles para aprovação. Nesse momento, questionei o meu acompanhante espiritual sobre o que estava havendo. E ele respondeu:

– É a escolha de um membro da sua família.

Naquele momento, levaram-me a uma casa e mostraram-me o quarto de um dos meus tios, também já falecido. Era o quarto em que eu passaria a noite. Claro que, tudo isso, em corpo astral.

No dia seguinte, acordei nesta nossa dimensão e achei tudo muito estranho. Não fazia sentido aquela mensagem. Então, passaram-se alguns dias e eu recebi um telefonema de um tio comunicando, com muita alegria, o nascimento de seu neto. Fiquei muito surpresa, pois nem sabia que meu primo e sua mulher estavam grávidos!

Atualmente, o garoto tem três anos e possui todas as características de uma criança índigo. Ele tem uma sensibilidade muito forte. Sua telepatia nos impressiona muito. Às vezes ele sonha comigo e traz mensagens importantes e muito sábias para sua idade. Ele sabe, por exemplo, quem está do outro lado da linha quando o telefone toca, antes mesmo de atender.

Um dia, convidei-os para almoçar em uma churrascaria. Quando eu saía de casa para encontrá-los, parei e pensei: "Quero levar um presentinho para o garoto". Olhei a prateleira de brinquedos que tenho em casa e peguei os minidinossauros da coleção de meu marido, Fábio. Quando cheguei ao restaurante e entreguei o pacote, ele foi logo abrindo e pulou de alegria! Sua mãe, então, admirada, disse:

— Você não vai acreditar, mas ele veio o caminho inteiro nos pedindo para comprar dinossauros de presente.

Esse acontecimento foi, para mim, uma prova real da telepatia avançada que as crianças índigo têm. Realmente, o garoto se comunicou comigo desde sua vinda à Terra e se comunica até hoje!

O caso a seguir é contado por Tânia Trindade, uma jovem avó de quatro índigos:

Uma Visão Espiritualista

"Marcamos um jantar com a Rosana Beni e seu marido, Fábio Parlatore, em um restaurante japonês. Quando lá chegamos, iniciamos um alegre bate-papo sobre os eventos aos quais tínhamos comparecido ultimamente. Ao comentarmos sobre o sucesso que havia sido o casamento de Rosana e Fábio, de repente, do nada, Rosana me olhou e disse:

– Olha, está chegando uma menina na sua família.

Meu marido, Robson, disse:

– É impossível, pois a minha nora e a minha filha estão tomando anticoncepcionais.

Rosana, porém, insistiu:

– Só sei que está chegando uma menina na sua família.

Passaram-se mais ou menos dez dias e minha filha mais nova, Laís, sentiu-se mal no trabalho, com tonturas. Imediatamente, pedi para levá-la ao hospital, pois me lembrei das palavras de Rosana sobre a gravidez. Dito e feito! O exame deu positivo. Depois de um tempo, soubemos que era uma menina. É muito engraçado, pois nossa neta Lisa tem só 1 ano ainda. Não fala, a não ser 'papá' e 'mamã', mas quando perguntamos se ela conhece a Rosana, ela balança a cabeça afirmando que sim!".

A vontade de decifrar esse enigma me levou a ler o livro *Crianças índigo (The indigo children: the new kids have arrived*, de Lee Carroll e Jan Tober), editado, no Brasil, pela Butterfly Editora, 2005. Ali, entendi que havia sido escolhida por esses pequenos seres de luz para falar ao mundo sobre a existência deles. E foi a partir dessa trajetória, para entender o significado deles no mundo, que nasceu a vontade de escrever este livro, que agora compartilho com vocês. É preciso que o mundo esteja preparado para receber essa nova geração, que vai habitar a Terra. Eles vêm com a missão de fazer deste planeta, um planeta melhor. Mas, muitas vezes, em virtude de sua ampla capacidade de discernimento, são mal compreendidos. É preciso rever nosso conceito de relacionamento com as crianças para ajudá-las nesta nobre tarefa. Este livro pode ser, para muitos, o início desta etapa de compreensão das crianças índigo. Só isso, já me valeria o prazer de vê-lo publicado.

Capítulo I

Uma Visão Espiritualista

CRIANÇAS AZUIS?

O termo crianças índigo foi usado pela primeira vez pela americana Nancy Ann Tape, em 1982. Naquele ano, ela escreveu um livro intitulado *Understanding your life through color* (em português, Compreenda sua vida por meio da cor). Ela costumava ver a aura das pessoas e notou que, há alguns anos, havia aumentado muito o número de seres, em especial crianças, envoltas pela energia da cor azul. Cruzando dados com amigos, pais e educadores, ela pôde traçar uma série de características que esses seres apresentavam em comum. O material foi escrito há 17 anos e revela um novo tipo de ser: o índigo, com características e comportamentos psicológicos bem específicos (como veremos nos capítulos seguintes).

Dessa forma, ao cruzar os dados de Ann Tape com as minhas próprias experiências, muitas vezes, antes mesmo de as crianças nascerem, constatei que eu mesma estava diante da chamada geração índigo.

Principais Características das Crianças Índigo

Este livro tenta, de maneira simples e direta, explicar o que é uma criança índigo. Quais suas particularidades, suas características. Só assim é possível entendê-las e fazer com que sua passagem por este mundo seja cheia de paz e harmonia: tudo o que elas precisam para viver.

Assim, enumeramos as principais características das crianças índigo. Vamos detalhar também cada uma delas com exemplos reais, de pais e parentes desses seres de luz.

Características da Criança Índigo:

1. Forte auto-estima.
2. Criatividade intensa.
3. Memória extraordinária.

Uma Visão Espiritualista

4. Poder rápido de associação.

5. Dom da telepatia.

6. Dom da cura pelas mãos.

7. Transmutação da energia do ambiente.

8. Simpatia à tecnologia.

9. Código de ética próprio.

10. Capacidade de concluir situações e resolvê-las rapidamente.

11. Senso de responsabilidade.

12. Alimentação somente como meio de sobrevivência.

13. Reconhecimento imediato de outro ser índigo.

1. Forte auto-estima

Como já nasce sabendo a que veio, a criança índigo, quando criada dentro do respeito às suas peculiaridades, tem a capacidade de desenvolver uma forte e inabalável auto-estima. Caso contrário, quando não é compreendida, tendo seus dons negados ou mesmo desprezados pelos adultos ao seu redor, tende a se fechar, com propensão à depressão. O exemplo a seguir trata de uma criança de cinco anos, Fabiana, que no dia do casamento de seu tio pregou uma bela peça em sua avó materna, Eulália.

"Atualmente, Fabiana tem 15 anos, mas há dez anos, quando tinha apenas cinco anos, deu provas de que saberia, durante toda a vida, muito bem o que iria querer. Fabiana estava ansiosíssima pela chegada do casamento de meu filho mais novo, Augusto. Afinal, ela seria a dama de honra do grande evento! Havia semanas que ela estava ensaiando como entraria com as alianças que marcariam o enlace do tio querido. Disse à minha filha, Juliana, mãe de Fabiana, que eu daria a roupa completa de minha neta, confeccionada especialmente para a data. Só tinha um problema: os sapatinhos. Desde bebê, Fabi detestava ficar calçada. Então, fui trabalhando sua cabecinha para que aceitasse ficar com os sapatos ao menos durante a cerimônia, na igreja. Ela dizia que não, não e não. Daí pensei: 'Na hora, ela se empolga e fica calçada'. Engano meu... Fabi não quis usar os sapatinhos que comprei. Não adiantou chantagem, pedidos suplicantes. Nada. A solução foi deixar que ela entrasse... descalça. A partir deste dia, entendi que estava lidando com alguém que, definitivamente, sabia o que queria."

Como podemos perceber, na história de Fabi, a criança índigo sabe bem o que quer. Sua auto-estima é inabalável quando devidamente estimulada e criada em ambiente harmonioso e favorável ao desenvolvimento de suas habilidades. O que poderia ser visto como pura birra, pode ser entendido como a manifestação de um ser humano seguro de si. E quem está seguro consigo mesmo passa segurança a seus semelhantes, criando um mundo melhor e mais altruísta.

No caso a seguir, de Laura, presenciamos uma forte auto-estima, personalidade desinibida e liderança de grupo.

Ela tem quatro anos. No dia da nossa entrevista, observei como ela é alegre, falante e adora liderar as brincadeiras com outras crianças. Ao mesmo tempo, notei uma liderança com amor e respeito ao ambiente e às amiguinhas. Quando cria suas atividades, Laura observa os limites e não força ninguém a participar, somente as convida. Quem fala dela é sua mãe, Taís:

"Eu me separei há um ano, mas minha filha se lembra com detalhes do dia em que o pai foi embora. Estava chovendo. Então, sempre que chove ela olha meio triste para a chuva e eu pergunto:

– O que foi, Laura?

Ela responde:

– É que meu pai foi embora num dia assim.

O que me deixa curiosa é o fato de que não brigamos naquele dia. Foi tudo tranqüilo. Não havia motivos para ela ter essa lembrança tão marcante. Na separação eu disse que eu e o pai dela íamos continuar amigos, mas que ele iria voltar a morar na casa da avó dela. Naquele momento, Laura me perguntou com segurança:

– Ah, então vocês não são mais namorados?

Respondi que não, e ela retrucou:

– Mas você ainda é amiga do meu pai, não é?

Naquela hora, senti que minha pequena filha, então com apenas três anos, estava sabiamente orientando minha atitude para que a nossa convivência permanecesse harmoniosa. Sou muito feliz com minha filha e sinto nela uma criança muito especial".

2. Criatividade intensa

Muitas vezes, essa criatividade é usada como defesa do índigo, em situações que, para ele, são desfavoráveis. Acompanhe o caso de Luana, dois anos de idade.

Sua mãe, Sandra, é a típica pessoa que não desgruda um minuto do seu celular. Um dia, sua filha, que ainda não havia completado dois anos, surpreendeu-a. É a própria Sandra que conta a história:

"Eu sou muito agitada. Resolvi dar uma pausa no meu celular e fui descansar no meu quarto. Deixei o aparelho na mesa da sala. Quando voltei, vi Luana fingindo conversar no meu telefone com sua avó, imitando-me. Achei engraçadinho e voltei para meus aposentos. Passou um tempo, vi que estava tudo muito quieto e resolvi ver o que minha filha estava fazendo. Retornei à sala e vi Luana sem meu celular. Perguntei, mais do que depressa:

— Cadê meu celular, filha?

Ela respondeu:

— Bô (acabou), estagô (estragou).

Perguntei:

— Como assim? Acabou?

Nesse momento, minha filha me pegou pelas mãos e me levou até o banheiro para mostrar o vaso sanitário com o celular lá dentro. Ela falava, com doce firmeza:

— Jogô fora, nenê estagô, mamãe fala muito.

Naquele momento, meus olhos se encheram de lágrimas, pois senti que, por causa desse meu jeito de grudar no celular, ela estava sentindo minha falta, queria chamar minha atenção. Foi um puxão de orelha. Tenho certeza de que ela é índigo".

3. Memória extraordinária

Como têm sua capacidade intelectual bem mais desenvolvida que seus antecessores, as crianças índigo, naturalmente, possuem uma memória extraordinária, como ilustra o caso de Flávio, atualmente com três anos, na versão de sua mãe, Maria:

"O Flávio tinha somente 1 ano e 10 meses, mas conseguia reconhecer na rua as marcas dos carros de seu pai e de sua avó. Ele apontava os carros dessas mesmas marcas e falava:

— Papai.

Com dois anos e 2 meses, quando já articulava bem as palavras, chegava à garagem do prédio onde morávamos e, com facilidade, apontava os carros falando marca por marca, nacionais e importados. Se havia uma marca que ele ainda não conhecia, perguntava-nos somente uma vez e já a memorizava".

Nesse momento da entrevista, fomos interrompidas por Flávio, que queria saber sobre o que estávamos falando. Como sabemos que uma criança índigo não suporta mentiras, explicamos que estávamos gravando a entrevista para este livro. Então, Flávio voltou a brincar...

Maria aproveitou para fazer um alerta aos pais de índigos, tendo como base sua própria experiência com Flávio: "Devemos ser muito cuidadosos com o que falamos, apresentamos ou mostramos aos nossos filhos, mesmo quando são bebês".

Ela contou que, quando Flávio tinha apenas oito meses, eles foram a um restaurante em uma estrada que tinha uma cachoeira. Depois de 1 ano, quando voltaram ao local, ele queria saber onde estava a água que ele havia visto no restaurante.

"Ele sempre se lembra de qualquer resposta dada por mim ou pelo pai, mesmo que tenha sido há muito tempo, ou uma só vez".

Quanto aos equipamentos eletrônicos da casa, confirmando a teoria sobre a simpatia que os índigos têm com a tecnologia, Flávio já sabia mexer no DVD aos dois anos. Atualmente, aos três anos, domina a TV e não suporta as notícias tristes e negativas dos telejornais.

4. Poder rápido de associação

Como são donas de memória privilegiada, as crianças índigo têm um poder rápido de associação. Quer dizer que é muito difícil enganá-las, chantageá-las, ou seja, manipulá-las para que fa-

Uma Visão Espiritualista

çam as coisas do "nosso" jeito. Isso porque elas conseguem captar com facilidade a "verdade" de um ambiente, de uma associação.

O exemplo a seguir, vem de Nina, filha caçula dos jornalistas Majô Casarotto e Helio Levenstein, nascida em 29 de dezembro de 2005.

Com apenas seis meses de idade, ela já "entendia" a rotina de sua casa e de seus pais. Sabia, por exemplo, quando estava pronta para passear na Praça Buenos Aires, que ficava próxima ao apartamento onde vivia. Quem conta a história é Tatá, a babá de Nina:

"Todos os dias, levo a Nina para passear, na Praça Buenos Aires. O engraçado é que ela sabe muito bem quando abro a porta da cozinha para passear com ela e quando abro a porta, por exemplo, para jogar o lixo na lixeira. Quando vamos passear, ela, que começa a ficar inquieta assim que o horário de seu passeio se aproxima, só sossega quando me vê abrir a porta e retirar a chave da fechadura. Ela sabe que quando não levo a chave comigo, não haverá passeio. Seu choramingo só termina quando ela vê que estou tirando a chave e colocando no meu bolso. Acho isso muito engraçado".

Outro caso que exemplifica esse poder rápido de associação da criança índigo é o de Priscila, uma menina linda, alegre e muito amiga. Ela adora brincar com seus amigos e é sempre muito comunicativa. Sua mãe, Cristina, conta:

"Minha filha é muito observadora e atenciosa. Às vezes, quando estou me vestindo para algum compromisso e ela está por perto sempre participa das minhas escolhas nas cores das roupas, dizendo o que fica bem em mim ou não. Acho bonitinho, pois ela fala com muita firmeza e sinceridade. Como toda criança índigo, Priscila consegue assimilar conceitos, explicações e associá-los a outras situações semelhantes. Um dia, sua avó, adepta da filosofia espírita, tentou explicar-lhe a passagem desta vida para outra, dizendo que, depois que morremos, vamos conhecer outros mundos, outros planos e depois voltamos, reencarnamos. Priscila ouviu tudo aquilo atenciosamente. Um certo dia, sua tia a levou para dar um passeio. Preocupada com o movimento dos carros, pediu a Priscila para segurar firme na sua mão para atravessarem a rua. Como toda criança ativa e independente, Priscila não queria dar a mão. Então, sua tia, com um pouco de pressa para resolver a situação, disse:

— Priscila, querida, você precisa me dar sua mão, porque aqui é perigoso. O carro pode atropelá-la e, então, você pode morrer!

Priscila, mais do que depressa, para tentar ganhar o argumento de sua tia, respondeu:

— Se eu morrer, não faz mal, pois eu quero mesmo saber o que vou ser na outra vida."

Esse fato confirma que precisamos ter muito cuidado com o que falamos para as crianças índigo. Sua avó, uma pessoa maravilhosa, teve o objetivo de passar conhecimento espiritual para a neta, porém, devemos sempre nos lembrar que os índigos, apesar de serem avançados na sabedoria e na espiritualidade, ainda são crianças.

5. Dom da telepatia

Como estão conectadas de modo especial ao inconsciente coletivo, ao cosmos e às outras crianças índigo, elas desenvolvem facilmente o dom da telepatia, sendo exímios receptores de mensagens enviadas por outras mentes, em conexão com as suas. Aquilo que para a maioria de nós é bem mais fácil de realizar quando estamos em estado de repouso, ou seja, dormindo, para elas é algo corriqueiro, que ocorre quando seus olhos estão bem abertos – assim como suas mentes. O exemplo a seguir narra a interessante história de dona Ida e sua netinha, Rosa:

"Em dezembro de 1998, a mãe de Clara, dona Ida, morreu, vítima de um câncer que se alastrou pelos pulmões.

Dona Ida era muito ligada à filha, mas, principalmente, à neta, Rosa, de quem cuidou desde o nascimento até a idade de três anos, quando a filha deixou sua casa, com a netinha, para morar em sua própria residência.

Rosa, na época com quatro anos, tinha noção de que a vovó 'estava dodói', mas Clara procurava poupar a filha sobre a real condição da avó. Um dia, enquanto dona Ida estava internada no hospital, Rosa veio, em prantos, pelo corredor da casa, abraçar-se à mãe. Clara se assustou e perguntou o

Uma Visão Espiritualista

que estava acontecendo. Rosa olhou para ela, as lágrimas escorrendo pelo rosto, e disse:

– Estou triste porque a vó Ida morreu.

Clara levou um susto e repreendeu a menina, dizendo que a vovó só estava doente, mas não havia morrido. Dois dias depois, para desespero e surpresa de Clara, o inevitável aconteceu".

Outro caso fascinante é o de Beatriz. Com três filhos, era a primeira vez que ela ouvia falar sobre índigos quando pedi para que me desse uma entrevista sobre o assunto.

Ativa, como sempre, Beatriz tratou logo de fazer sua pesquisa para estar preparada para o nosso encontro. Quando cheguei à sua casa, ela foi logo falando:

– Rosana, tenho certeza de que o meu Felipe (cinco anos) é índigo! Ele é muito sensível, sempre atencioso e até muito maduro nas suas ações. Por exemplo, se eu o chamo para tomar banho, ele fala com muita calma:

– Mamãe, me dá mais três minutos. Deixa eu terminar de montar meu lego.

E, por incrível que pareça, ele sabe o tempo e cumpre direitinho sua proposta. Eu não preciso falar novamente. Ele é incapaz de mentir! Nunca me enrola com desculpas para não cumprir sua promessa. Ele me dá o exemplo, pois se eu prometo algo e não cumpro, ele fala muito chateado:

— Mamãe, você mentiu pra mim!

Felipe também se preocupa com as pessoas e animais. Ele sempre questiona os caseiros se eles têm alimentado seu cachorro".

Outro dia, Beatriz recebeu um telefonema que a aborreceu. Como toda boa mãe, tentou disfarçar diante de seu filho, Felipe, porém, ele foi logo perguntando:

— O que foi, mamãe? Por que você está triste? — Numa manifestação clara de seu dom para a telepatia.

O dom da cura também se manifesta em Felipe. Ultimamente, Beatriz tem usado colete para dormir, além de um cobertor elétrico, por causa de dores na coluna. Um dia, Felipe chegou de manhã para dar um abraço de bom dia em sua mãe.

– Mamãe, por que está tão quentinho aqui?

E Beatriz explicou:

– Por causa do dodói da mamãe.

Felipe, então, com muita naturalidade, disse:

– Eu vou tirar seu dodói.

Falou isso, enquanto colocou a mão em cima da coluna de Beatriz.

6. Dom da cura pelas mãos

Como estão com a mente aberta, em conexão com a luz cósmica, essas crianças facilmente canalizam a energia da cura, principalmente pela imposição das mãos. E não é à toa que, nos últimos anos, houve uma grande demanda de pessoas em busca de desenvolver experiências como a do heiki. A história a seguir é de Arthur, atualmente com cinco anos, caçula do escritor e palestrante César Romão. Quem nos relata é Thais, mãe de Arthur e de Breno.

"Brida era uma cachorra da raça rottweiler, condenada por diversos veterinários em seus diagnósticos, porém era muito próxima de nosso filho caçula, o Arthur, na época com três anos. A única coisa a fazer diante de sua doença era sacrificá-la, pois teria apenas alguns dias de vida, segundo os veterinários, e estava sofrendo muito. Numa manhã, quando falávamos do assunto, Arthur sumiu de dentro da nossa casa. Por muito tempo o procuramos, já com certa preocupação. Foi quando nosso filho, Breno, decidiu, então, olhar na casinha de Brida. E lá estava Arthur, deitado, abraçado à sua cachorra.

Brida tinha se tornado um pouco agressiva, em razão de suas dores, apesar de sua costumeira docilidade com todos da casa. Estava praticamente impossível chegar perto dela. Quando tentamos retirar Arthur de sua casinha, ela quase nos mordeu. Já estávamos dispostos a dar tranqüilizantes a ela quando Arthur resolveu sair e vir para nossos braços.

Durante três dias, por muitas horas, Arthur passou seu tempo dentro da casinha de Brida, e sua indignação quando não permitíamos era tanta, que resolvemos deixá-lo fazer o que ele queria. No terceiro dia, ele entrou com Brida em casa,

Uma Visão Espiritualista

praticamente sentado sobre ela e, após muito tempo vendo-a sofrer, ela parecia feliz e estava dividindo seu carinho com todos da família. Brida estava curada, os veterinários lhe deram três dias de vida e não souberam explicar o que aconteceu. Assim, ela viveu feliz com Arthur e nossa família por mais 1 ano e meio. Ali, aconteceu a forma de uma atitude nutritiva de uma criança. A força nutritiva de um amor entre um animal e uma criança, que prolongou a vida e a alegria de ambos. No dia em que Brida morreu, Arthur nos avisou um dia antes, e ela partiu deixando para Arthur uma cria com 11 lindos filhotes. Um deles, a Nira, está conosco até hoje. Quando Brida partiu, Arthur abraçou Nira e sorriu".

7. Transmutação da energia do ambiente

Ao nascer, esses seres chegam como geradores de energia. Se criados com todas as condições para se desenvolverem sob afeto, compreensão e carinho, eles serão fornecedores de alta energia positiva. Caso contrário, como no que diz respeito à sua forte auto-estima, podem tender à depressão, pois estarão fornecendo sua energia, sem recarregar sua própria "bateria". Assim, podem até definhar. O próximo exemplo conta como a chegada de Priscila modificou a rotina e os hábitos na vida de Omar e Cláudia.

"Eu e Cláudia nos amamos. Não há a menor dúvida disso. O problema é que éramos viciados. Calma. Não tomávamos drogas nem vivíamos bêbados.

Éramos viciados em brigar. Sobre qualquer coisa. Até o que levaríamos do supermercado era motivo para que discutíssemos até chegarmos à ofensa mútua. Depois, fazíamos as pazes e tudo ficava bem. Bem, até a próxima briga. Daí, Cláudia engravidou. Nem durante a gravidez conseguíamos evitar as discussões. Era um desgaste sem-fim. Tanto para mim quanto para ela. Se bem que, conforme seu ventre foi tomando dimensões cada vez maiores, eu sentia que nosso relacionamento foi tendo mais compreensão mútua. Mas foi só quando vimos o rostinho de Priscila pela primeira vez, que uma paz e uma sensação de harmonia inabaláveis caíram sobre nós, sobre nossa casa. Atualmente, a Pri está com dois anos. E nunca mais, desde seu nascimento, eu e Cláudia brigamos. Chegamos a ponto de rir das nossas bobagens. Não sei se Pri é mesmo uma criança índigo ou não. O fato é que ela trouxe paz e mais amor à nossa casa. E só temos a agradecer por isso."

8. Simpatia à tecnologia

Seria só uma coincidência o fato de as crianças e jovens se adaptarem melhor aos avanços da tecnologia? Lembro-me muito bem de pais de amigos meus que imploravam para que seus filhos fizessem o favor de acertar o relógio digital do videocassete todas as vezes que faltava energia. Tinha muito amigo que ganhava uns bons trocados ao realizar esse favorzinho para os pais ou avós...

Atualmente, nem é preciso dizer a faixa etária dos freqüentadores de *lan houses* e salas de bate-papo na internet. São, em sua esmagadora maioria, jovens, adolescentes e pré-adolescentes. Faça um teste: apresente seu novo modelo de celular a seu priminho, netinho ou sobrinho. Em mais ou menos cinco minutos, ele terá desvendado todas as possibilidades que o aparelho oferece e que você, pobre mortal, nem sonhava possuir na palma das mãos. Essa sintonia fina com a tecnologia é outra característica das crianças índigo. E não é à toa, como veremos mais adiante, que elas se vêem interligadas como uma espécie de rede, e a internet, a rede mundial de computadores, apresenta-se como tal.

9. Código de ética próprio

É claro que as noções de responsabilidade, de correção, de fazer o bem são dadas dentro de casa – ao menos é isso que se espera dos pais. Mas quem convive com uma criança índigo vai se surpreender com o senso de justiça, lealdade e solidariedade que elas têm. E essa característica é parte inerente delas. Está tão enraizada em sua personalidade como a cor de seus cabelos ou de seus olhos. O caso a seguir ilustra bem isso:

"Além da Nina, sou mãe também, com muito orgulho, da Nathalia, que é uma garota muito especial, com o coração de ouro mesmo. Digo isso com um orgulho imenso, mas com uma preocupa-

Uma Visão Espiritualista

ção gigantesca também, porque não acho que o mundo esteja preparado para alguém tão altruísta assim... Há algumas semanas, Natha veio me procurar, bastante preocupada por haver, entre suas coleguinhas de colégio, uma que costumava praticar o *cutting* (ato de provocar ferimentos em seu próprio corpo para aliviar alguma frustração). Ela se mostrava preocupadíssima com a amiga, e pediu minha interferência no assunto. Disse que a coordenadora do colégio precisava saber o que estava acontecendo, mas que ela não podia contar nada, pois havia jurado segredo para a amiga. E só estava quebrando a promessa diante de mim, porque sentia que a menina precisava de ajuda. Contra-argumentei que seria melhor que ela mesma contasse o fato à psicóloga da escola ou encorajasse a menina a fazê-lo. Mas seu código de ética falava muito mais alto. Daí, não vi outra saída, a não ser interferir. Essa história me orgulhou, como disse, e me deixou bastante preocupada, pois tenho medo de que a Natha queira consertar todos os problemas do mundo e se frustre, por não conseguir...". (Majô Casarotto, jornalista, 35 anos, mãe de Nathalia Miquelino, 12, e Nina Levenstein, 10 meses, duas crianças índigo.)

10. Capacidade de concluir situações e resolvê-las rapidamente

O exemplo de Bruna, de apenas 1 ano e 3 meses, ilustra bem a capacidade que o índigo tem de concluir situações e resolvê-las rapidamente. Quem conta sua história é seu tio-avô Antonio Carlos:

"Bruna estava brincando na casa de uma amiguinha. Era um apartamento de pouca mobília, pois a família havia acabado de se mudar. Em determinado momento, ela chegou para sua mãe e começou a apontar a mamadeira. A mãe achou que ela queria mamar e começou a dar para ela. Mas Bruna recusou, e apontou para a tampa do objeto. A mãe o entregou, e ela, toda determinada, foi até um canto da sala e prendeu, com a tampa, um bichinho que por ali passava, surpreendendo a todos com sua capacidade de criar soluções para atingir seus objetivos, com tão pouca idade.

Outro fato pitoresco foi com relação à chupeta. Seus pais preferiam dá-la só na hora de dormir, mas, um dia, sua mãe viu que ela estava sonolenta e falou para ela ir nanar, mas sem a chupeta. Não teve jeito. Sua mãe explicou que havia esquecido a chupeta na casa da avó, no interior, e que era longe para buscá-la. Então, ela teria de dormir sem chupeta. Bruna se conformou. No dia seguinte, a mãe estava arrumando Bruna para irem ao *shopping*, quando a empregada, para distraí-la, elogiou sua roupa e perguntou:

– Bruna, você está muito bonita para ir ao shopping. O que você vai comprar lá?

E Bruna respondeu:

– Uma peta (chupeta)!".

11. Senso de responsabilidade

Um índigo é um ser responsável. Mas é preciso entender que, devido à sua evolução avançada, muitas vezes o que entendemos ser de grande responsabilidade da criança (como escovar os dentes, por exemplo), para ela não passa de pura bobagem. Claro que não devemos deixar que fiquem banguelas, nada disso. Mas devemos entender que sua noção de responsabilidade extrapola o que, até então, classificaríamos ser pertinente ao universo infantil. A responsabilidade de uma criança índigo tem a ver com a preservação do meio ambiente, ajuda ao próximo, enfim, a evolução, para melhor, da espécie humana, como prova o exemplo a seguir.

"Aos sete anos, Felipe assistia ao programa de TV Teleton, no SBT, destinado a arrecadar doações em prol da AACD. Hebe Camargo fazia um grande apelo à população, dizendo que ainda faltava muito dinheiro para ajudar a construir o hospital e também para fabricar mais próteses para as crianças necessitadas. Era por volta de 22h30 e o programa acabaria à meia-noite. De repente, Felipe tomou uma decisão. Foi até o seu quarto e pegou seu cofrinho de moedas, colocou em cima da mesa de jantar e falou para seus pais:

– Pai, me ajuda a contar?

Havia 75 reais, que ele conseguiu juntar durante o ano todo. Então, Felipe, muito animado, disse ao pai:

– Vamos levar no Bradesco da TV, pois quero doar esse cofrinho para eles.

Uma Visão Espiritualista

Seu pai, que naquele momento já se encontrava pronto para dormir, e devido à noite chuvosa e fria que fazia, disse imediatamente:

— Imagina, filho, nós já fizemos a nossa parte telefonando para a campanha!

Felipe, porém, não queria desistir de seus ideais:

— Vamos, pai, vamos...

Foi quando a mãe, Débora, interferiu:

— Amor, você não vai cortar a iniciativa dele, não. Vamos lá, nós deixamos no Bradesco e voltamos.

O pai resolveu, então, atender ao pedido do filho. No caminho até a TV, como eles se perderam, demoraram mais tempo que o previsto. Mas Felipe não deixou o pai desanimar. Quando chegaram à TV, pararam na guarita para identificação. Como chovia bastante, eles não puderam abrir muito o vidro do carro para falar nem o guarda podia se aproximar para não se molhar. Nessa conversa de telefone-sem-fio, o vigia pediu para que eles seguissem em frente. Quando chegaram ao estacionamento, onde estava montada a tenda do banco, não havia mais ninguém, por causa do horário. Eles foram então para um alpendre. Lá, surgiu uma pessoa para acompanhá-los. 'Provavelmente nos confundiram com alguém famoso', pensava o pai. E, com aquela correria de bastidores de TV, levaram o garoto para o palco para que ele entregasse o cofre nas mãos de Sílvio Santos. Naquele momento, o apresentador pediu o cofre a Felipe, que se negou a entregar, dizendo:

– Não. Eu preciso doar ao Bradesco, não vou dar para você.

Ele se agarrou ao cofre, arrancando gargalhadas do auditório. A inocência de Felipe sensibilizou a todos. Diante das circunstâncias, Sílvio Santos resolveu bater um papo com Felipe, que contou, em rede nacional, por que estava lá. O apresentador, para testar a iniciativa de Felipe, perguntou:

– Mas você não gostaria de comprar um brinquedo ou figurinhas com esse dinheiro?

Felipe, mais que depressa, respondeu:

– Não. Quando eu quero alguma coisa, meus pais me dão e, se não é época de ganhar, porque eu não ganho presente todo dia, eu espero chegar o Natal ou o meu aniversário.

Sílvio Santos, então, disse a Felipe:

– Você fez algo grandioso e eu vou lhe fazer um desafio. Quero você, no ano que vem, com dois cofres cheios!

Com ar de vitorioso, Felipe respondeu:

– Eu volto!

Atualmente, Felipe tem 15 anos e, desde aquele dia, ele comparece todos os anos no Teleton com suas moedas. Mais do que isso, ele criou um projeto chamado A Corrente do Bem, que consiste em visitar escolas e fazer palestras para as crianças, incentivando-as a ajudar o próximo e a ter consciência de fazer o bem. Foram realizadas 44 palestras, em 28 escolas de todos os níveis sociais. Esse projeto conta com a supervisão da diretoria da AACD e já está sendo implantado em outros países da América Latina. No último ano, Felipe conseguiu arrecadar 260 mil reais entre as escolas. Quando falamos com Felipe sobre o resultado de sua iniciativa, ele diz que não se acha mais ou menos importante que ninguém. Para ele, essa atitude de compaixão e respeito ao próximo é natural. Ele acrescenta que, quando visita o mais novo hospital da AACD, seus olhos se enchem de lágrimas, pois ele sente que está cumprindo o seu dever." (Felipe, 15 anos, é filho de Francisco e Débora Ventura.)

12. Alimentação somente como meio de sobrevivência

Cada vez mais, a alimentação tem sido vista como um meio para ter boa saúde. Publicações especializadas nos inundam com estudos sobre o poder de cura dos alimentos. Assim, eles passam a ser vistos não só como elementos para matar a fome, mas como auxiliares para a saúde.

Para os índigos, isso parece bastante claro. Desde pequeninos, eles parecem saber que o alimento é um bem ao organismo e deve ser usado como tal. As crianças gulosas estão, definitivamente, em extinção! Quem garante isso é a babá aposentada Mara da Costa Adib, que, sem saber, testemunhou o surgimento das crianças índigo no planeta.

"Sinto, cada vez mais, que as crianças, especialmente as de uma geração mais recente, só comem o necessário para sobreviver. Com as menores evito dar açúcar e chocolates. E, quando elas vão experimentar, mais tarde, detestam", diz ela.

O caso de Flávio, filho de Maria, já citado anteriormente, confirma essa observação de Mara. Segundo sua mãe, o menino não gosta de doces ou chocolates. E seus pais nunca influenciaram nessa escolha. Eu mesma sou prova disso. Outro dia, levei-o ao aniversário de uma outra criança e ele não quis comer nenhum docinho da festa.

13. Reconhecimento imediato de outro ser índigo

Um dos momentos mais belos do filme independente *Índigo*, produzido e dirigido por Stephen Simon, é quando duas crianças índigo, de cerca de 11 anos, encontram-se. Elas se olham profundamente e, sem dizer qualquer palavra, começam a interagir. Em segundos, parecem se conhecer a fundo, como grandes amigos. O interessante é que trocam poucas palavras. A interação delas parece se dar mais no plano telepático. São capazes de ficar horas em silêncio, brincando. Certos tipos de passatempos, como quebra-cabeças, que prendem a atenção, são alguns de seus preferidos. Elas estão ali juntas, jogando, mas em profundo silêncio. E, não raro, uma entrega a peça que estava faltando à outra, sem dizer qualquer palavra.

Também já testemunhei conversas dessas crianças. Elas partilham experiências como viagens astrais, visitas a outras dimensões, num bate-papo normal, como se estivessem falando de um programa que gostam de assistir na TV.

Capítulo II

DICAS PARA CONVIVER MELHOR COM AS CRIANÇAS ÍNDIGO

Receptores Vibracionais

Considero as crianças índigo como verdadeiras "esponjinhas" de energia. O humor delas pode ser alterado todas as vezes que entram em contato com um ambiente em desarmonia, levando-as à depressão. O contrário também ocorre. Elas podem estar deprimidas e, ao adentrar um local cheio de luz, com boas vibrações, conseguem se refazer de imediato. E, se entram em contato com um ambiente muito agitado, tendem a se superagitar, ficando quase incontroláveis. Portanto, acredito ser de extrema importância ajudá-las a administrar seu receptor de energia, para que se poupem quando entrarem em um lugar sem harmonia, triste ou extremamente agitado.

A seguir, sugiro uma série de atitudes para que, assim que sentirem que o campo energético delas está comprometido, possam "defendê-las":

1) Procure, sempre que possível, passear com elas em lugares com muita natureza (parques, montanhas, sítios, fazendas com animais, cachoeiras, pássaros etc.).

2) Essas crianças são como antenas parabólicas. Elas captam energias positivas e negativas. Portanto, precisam reciclar suas energias constantemente, e a natureza é o melhor remédio para elas.

3) Desenvolver um bom espaço para elas brincarem é também muito importante. Por serem muito criativas, brinquedos e objetos que facilitam sua capacidade de expressão são muito bem-vindos, principalmente material para desenhos, pinturas, montagem etc. Elas são capazes de pintar ou desenhar as outras dimensões com muita facilidade e,

muitas vezes, até registram sua origem ou vidas passadas (veja o caso de Kelan, no capítulo III).

4) Para elas, o diálogo é a forma mais natural de resolver qualquer problema. Não adianta perder o controle com elas, pois não vão respeitá-lo. Explicar, dar motivos com coerência, faz com que elas aceitem seu pedido. Certa vez, assistindo a um programa de TV, que orienta pais e filhos, foi ao ar a seguinte cena: a mãe, uma pessoa no mais descontrolado momento de estresse, gritava sem parar com o filho, uma criança de três anos, que retrucava com a maior tranqüilidade: "Não grita comigo!!! Você gostaria que eu gritasse com você?". Naquele momento, a mãe, despreparada para uma atitude tão sábia do garoto, tomou aquilo como má-criação e, infelizmente, castigou-o, trancando-o em seu quarto. Precisamos, sem dúvida, ter humildade para ouvir essas crianças, que muitas vezes nos estão orientando.

5) Deve-se respeitar suas escolhas. Freqüentemente, elas querem brincar quietas e sozi-

nhas ou querem escolher o amigo, pois conseguem reconhecer seus semelhantes. Se elas estiverem muito agitadas, talvez faltem atividades mais difíceis para executarem. A fim de mantê-las mais tranqüilas, há várias escolas de ioga para crianças. Sugiro o www.ciyma.com.br, dirigido por Márcia de Luca, representante oficial do Deepak Chopra no Brasil.

6) Na área da saúde física, essas crianças índigo se dão muito melhor com remédios naturais (homeopatia, florais etc). Elas, inclusive, sabem escolher sua alimentação. Por esse motivo, se seu filho não quiser comer carne, não force. Tenho certeza de que ele vai procurar proteínas em outros alimentos.

Enfim, essas são algumas dicas práticas para lidar com o dia-a-dia dessas crianças tão especiais para todos nós. No site www.indigochild.com, há mais sugestões. Nunca se esqueçam, porém, de que elas são sensíveis e sábias. Se você estiver grávida, por exemplo, ao ler este livro, aproveite para, sempre que possível, colocar uma música suave para o bebê se acalmar ainda dentro de sua barriga. Con-

Uma Visão Espiritualista

verse sempre com ele, mesmo ainda no ventre, pois os índigos estarão sempre ouvindo...

Capítulo III

Uma Visão Espiritualista

ALGUNS JÁ ESTIVERAM AQUI ANTES, ALGUNS VIERAM DE OUTROS PLANETAS OU DIMENSÕES

O meu interesse pela metafísica sempre foi grande. Até porque, desde criança, vejo outras dimensões e os seres que vêm delas. Podemos chamá-los de extraterrestres. As visões que tenho deles nem sempre são humanóides. Creio que há dimensões paralelas e portais dimensionais. Na verdade, não só acredito como tenho certeza disso, pois vivencio esses fatos constantemente. Atualmente, não tenho mais medo, pois graças aos livros, palestras e estudos da física quântica, sei que não estou sozinha nesse processo.

Por causa da minha vontade de aprender, sempre procuro viajar aos Estados Unidos, em busca de respostas menos místicas e mais realistas. Lá, há vários centros de estudos sobre esses assuntos. Numa dessas viagens, conversei com minha prima, Eliana, que sempre me incentivou nessa jornada. Foi quando ela me confirmou um fato ocorrido com seu filho Kelan.

Aos 3 anos e 3 meses, Kelan, cada vez que olhava para as estrelas, falava para sua mãe:

– Eu vim daquele lugar.

Sua mãe sempre achou bonitinho, mas não levava muito a sério. Até que, um dia, Kelan, ao lado de seu tio Steve, começou a desenhar e surpreendeu a todos. Com a maior facilidade, ele desenhava naves e carros com nomes espaciais. Ele contou que o planeta de onde veio se chama Robota e a capital, Atabor. Todos na sala ficaram surpresos, pois ele não tinha o hábito de ver TV ou filmes sobre outros planetas. Então, sua mãe resolveu dar oportunidade para que ele descrevesse mais sobre seu planeta. Seu tio passou a desenhar, sob a orientação de Kelan, um outro planeta chamado Sumala, que tinha como capital Alamus. Kelan contou que, lá, as árvores brilhavam no escuro,

Uma Visão Espiritualista

havia dois sóis e as casas ficavam no alto de uma espécie de árvore.

Nas páginas seguintes, você verá os desenhos cedidos gentilmente por Eliana para ilustrar esse nosso capítulo.

Atualmente, Kelan já está na universidade e faz trabalhos voluntários para pessoas carentes e com câncer. Ele sempre foi uma criança amorosa com os pais e preocupada com os demais.

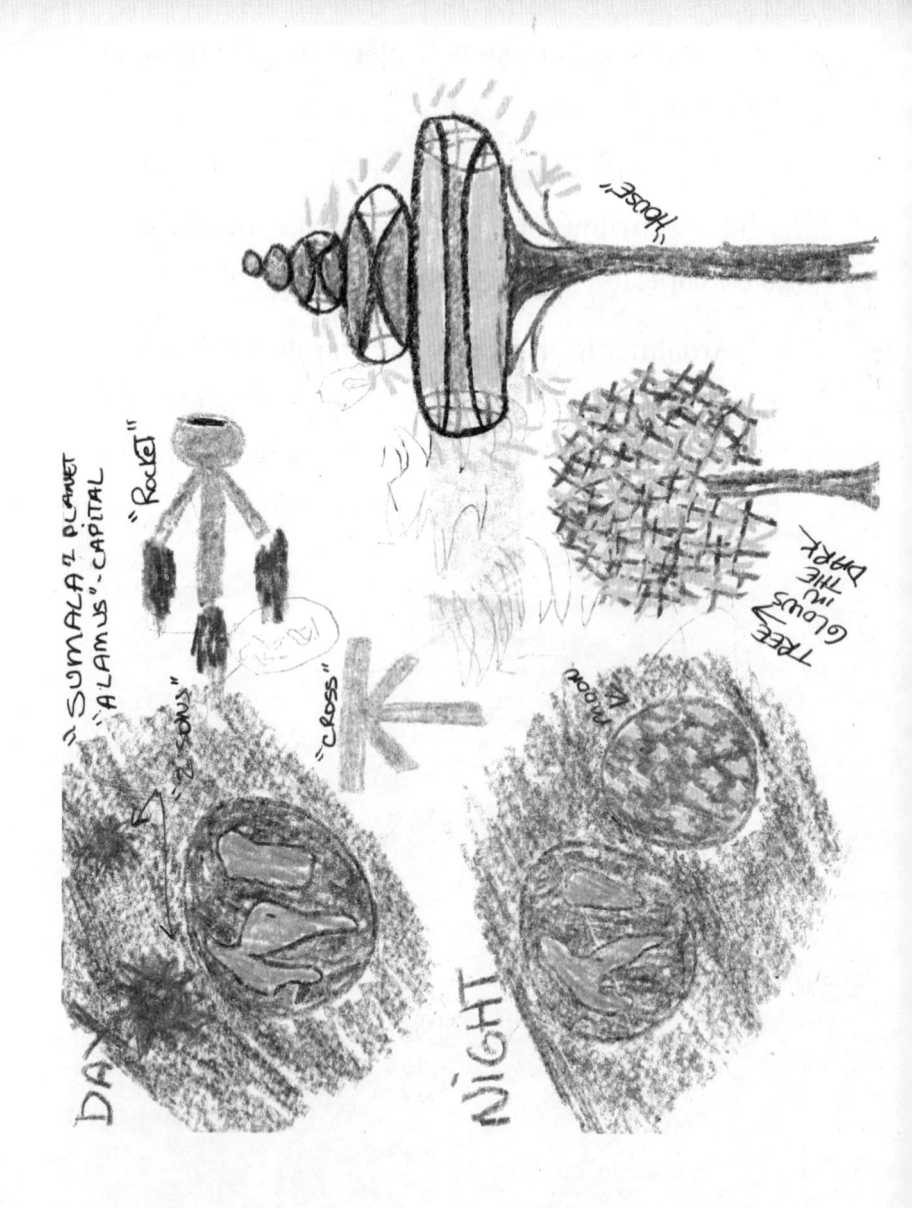

Desenho feito pelo tio, com a orientação de Kelan

Uma Visão Espiritualista

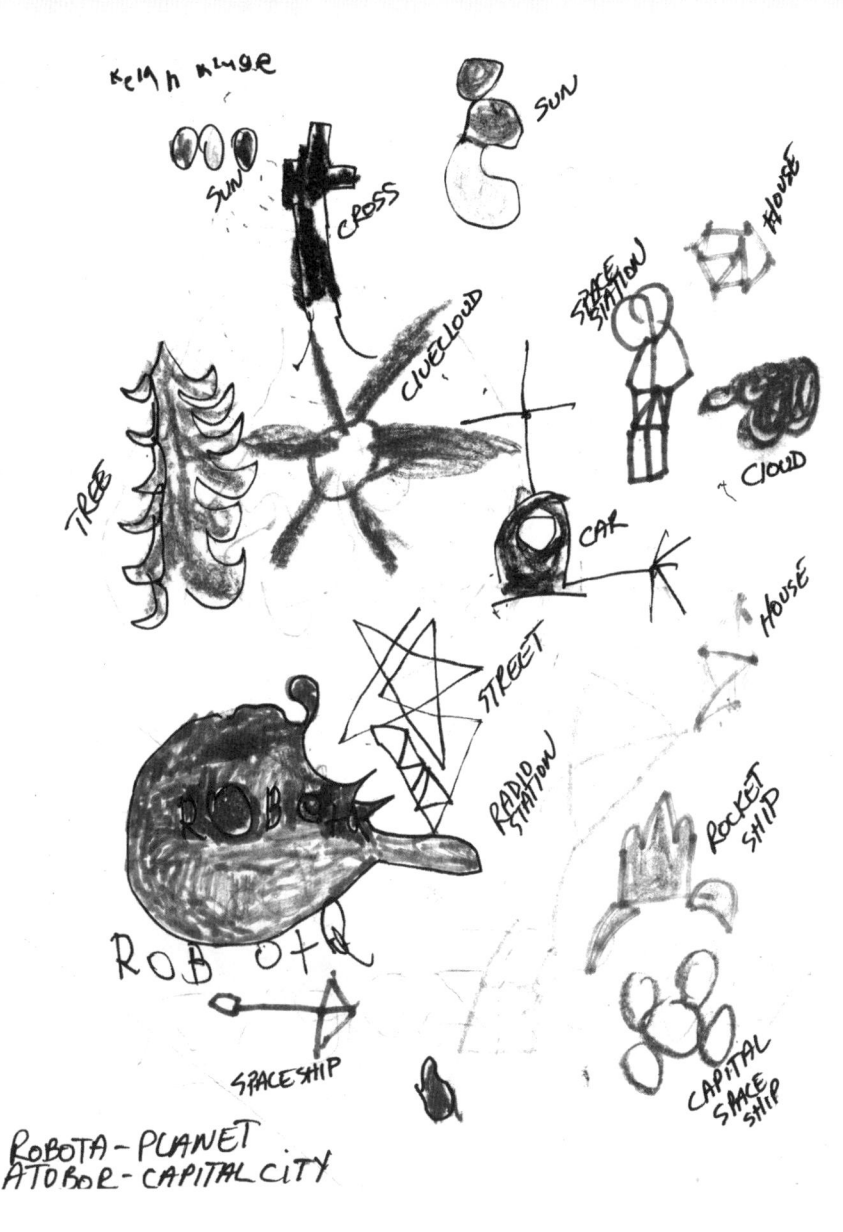

Desenho feito por Kelan, com as palavras escritas pelo tio

Capítulo IV

VI

OUTRAS HISTÓRIAS

Neste capítulo, reuni novas histórias sobre casos de crianças índigo que chegaram a mim, ou por experiência própria ou por coincidência. E como acredito que nada acontece por acaso, resolvi dedicar um capítulo inteiro a esses casos. Eles não poderiam ficar de fora...

Uma Daminha Muito Especial

Às vésperas do meu casamento, vivi uma história interessante, protagonizada por mim e pela Letícia, filha caçula de Luiz Mesquita, um dos proprietários do hotel Canto da Floresta, em Amparo, São Paulo.

Um dia, Letícia estava na piscina do hotel, ouvindo a conversa sobre os detalhes do meu casamento. Daí, ela perguntou como seria meu vestido. Aproveitei a deixa e a convidei para ser minha daminha. Tive de explicar como seria a cerimônia e o que ela teria de fazer. Ela aceitou na hora e, em seguida, saiu para brincar. Voltei a falar com o grupo de amigos com o qual estava e comentei sobre a decisão de entrar sozinha na igreja, já que não convivi muito com o meu pai, pois ele nos deixou enquanto eu ainda era adolescente e minha mãe teve de nos criar sozinha. Sofri muito com esse fato, mas o superei com o estudo da filosofia espírita. Atualmente, já perdoei e compreendi meu pai. Entendo que cada um está em um estágio diferente de evolução, de vida espiritual e, por esse motivo, devemos compreender, respeitar e tentar ajudar os demais. Neste momento da conversa, Letícia apareceu repentinamente e disse determinada:

– Você vai chamar seu pai para o casamento, não vai?

Diante da indagação, ficamos todos surpresos, pois ela não sabia da situação! Naquele momento, entendi que alguém, do mundo espiritual, talvez até minha mãe, que já faleceu, fez um contato com essa criança índigo para que passasse sua mensagem.

O mais interessante é que eu já havia me decidido a convidar meu pai para o casamento, mas ninguém daquele grupo sabia!

Outra da Letícia, desta vez no dia do casamento. Ela estava linda, segurando as alianças, embora muito impaciente, pois queria entrar para a cerimônia, já que sempre foi muito determinada. A igreja estava lotada! Para acalmá-la, sua mãe, Marilídia, disse que ela teria de esperar mais um pouco.

– Na hora em que o noivo falar 'sim' você entra", explicou.

Depois de pensar alguns instantes, Letícia retrucou:

– E se ele falar não?

Foi uma risada geral nos bastidores do meu casamento.

Crianças Índigo

Um Filho Abençoado

Sempre que posso, no meu programa na Rádio Mundial, faço um debate informativo sobre as crianças índigo. Decorrente disso, recebi a seguinte carta: "Adoro o seu programa. Ele me transmite muita paz e fé, por meio dele acho que tudo vai dar certo! Escutando hoje, gostei muito do tema sobre as crianças índigo e gostaria de dar meu depoimento. Meu nome é Laura e sempre gostei dos assuntos espirituais. Sentia-me diferente das pessoas, de minha família, que era toda católica e muito racional.

Aos 40 anos, casada e com uma filha de 11 anos, engravidei novamente. Como não era esperado, fiquei em pânico e meu marido também. Foi um período muito difícil. Eu estava desempregada e deprimida. Meses antes havia sonhado com uma criança linda, um menino muito saudável. Atualmente sei que era meu filho Jonas.

Quando ele nasceu, logo percebi que era diferente, mais esperto, evoluído. Reconhecia as pessoas mesmo sendo recém-nascido.

Uma Visão Espiritualista

Minha filha Joyce sempre foi muito sensível e com uma espiritualidade especial, mas ele era diferente.

Quando começou a falar as primeiras palavras, eu e minha filha ficamos espantadas com a fala dele. Com o tempo, começou a contar de seus 'amigos imaginários', que vinham em naves espaciais e seus nomes eram impronunciáveis.

Alguns de seus brinquedos também sumiam inexplicavelmente e apareciam de repente.

Um dia, ele disse que tinha duas mães e dois pais. Fiquei muito surpresa. As mães eram eu e minha irmã e os pais eram o meu marido e meu cunhado.

Minha irmã, apesar de ter uma filha do primeiro casamento, não conseguira mais engravidar no segundo casamento. Ela teve vários abortos espontâneos. Chego a pensar que o Jonas era esse espírito insistente querendo nascer em nossa família.

Ele foi crescendo e começou a perguntar sobre as formas energéticas que via flutuando: bolas, peixes, quadrados etc. Via também seres voando pelo quarto e perguntava se eram besouros grandes.

Um dia, perguntou por que as pessoas tinham cores em volta de seus corpos. Perguntamos quais eram as cores e ele disse que eu tinha a cor índigo (azul forte) e cristal (branco transparente); a Joyce era verde e laranja; o pai, azul, verde e, às vezes, vermelho. Ele estava vendo nossas auras. Fiquei preocupada e procurei um centro espírita kardecista. Eles me orientaram que não era bom ele ficar vendo a aura das pessoas, pois era muito pequeno. Fizemos um tratamento no centro e, com o tempo, ele não as viu mais.

Como ele era uma criança muito agitada, começou a dar trabalho na escola. Levamos Jonas à psicóloga, que o diagnosticou como hiperativo e com déficit de atenção.

Atualmente, com sete anos, Jonas continua nos surpreendendo com sua inteligência, alegria e, principalmente, ética. Até a psicóloga disse que sua honestidade é demais para sua pouca idade.

Percebo que as crianças das quais ele mais gosta também são especiais. Uma delas só fala em inglês e só vem ao Brasil uma vez por ano, mas nem o idioma nem a distância foram empecilhos para uma grande amizade.

Apesar da timidez, ele faz amizades facilmente aonde quer que vá. Posso dizer que o Jonas mudou minha vida e a de minha família para sempre. O seu exemplo diário de alegria, inteligência e vitalidade me motiva e me torna uma pessoa melhor.

Eu acredito que seja uma criança índigo e desejo que o mundo tenha mais delas para que realizem as mudanças necessárias.

Nossa missão é tornar essa tarefa possível e ajudá-las sempre." (Laura de Carvalho, ouvinte do programa *Dimensões*, que Rosana Beni apresenta na Rádio Mundial – FM 95,7–, às segundas-feiras, das 10h às 11h.)

Conclusão

Uma Visão Espiritualista

CARACTERÍSTICAS DAS CRIANÇAS ÍNDIGO SOB A VISÃO ESPIRITUALISTA

Depois que descrevemos e exemplificamos as características das crianças índigo, gostaria de fortalecer o conceito de que todos somos seres espirituais numa vivência humana. Acreditem ou não, muitos estudos metafísicos e da física quântica têm provado que somos muito mais do que aquilo que enxergamos... Quando falamos dos índigos, devemos respeitar todas as pesquisas feitas por importantes personalidades das áreas científica, educacional e filosófica. Os itens relacionados a seguir estão no livro *Crianças índigo* e no site www.indigochild.com e baseiam-se nas entrevistas realizadas para este livro, além de nossas próprias experiências de vida.

Crianças Índigo

Vale lembrar que sua criança pode ter tido tantas ou mais vidas passadas que você. É um ser espiritual evoluído, que se voluntariou para colaborar com a sua evolução e, como conseqüência, de todos nós. Elas precisam de disciplina, pois são crianças, antes de tudo. Mas não tire delas a capacidade de ver soluções de uma nova maneira. Dar a elas razões óbvias e inteligentes, orienta-as e facilita muito a comunicação entre vocês. Mas não faça de seu filho um confidente. Respeite a idade dele. Lembre-se: ele tem valores e princípios. O código de ética dele vem do coração.

A seguir, um esboço sobre a forma com que os índigos vêem o mundo e sua maneira de se relacionar com ele:

1. Não suportam mentiras e desonestidade.
2. Vieram à Terra para desenvolver uma sociedade mais justa, cooperativa e amorosa.
3. Têm uma missão divina para com seus semelhantes: a de preparar a humanidade para uma nova Terra.

Uma Visão Espiritualista

4. Precisam despertar as gerações mais velhas, resgatando os valores humanos.

5. Respeitam seus pais, se eles forem sinceros e admitirem seus erros. Assim, eles farão o mesmo.

6. Geralmente, são determinados e independentes, sem desrespeitar os mais velhos.

7. A liberdade é importante para eles, porém, com responsabilidade.

8. Se são respeitados, respeitarão também.

9. Para eles, o exemplo dos pais e as atitudes são mais fortes que falsas palavras. Se os pais não são íntegros, não vão copiá-los. Eles se afastarão.

10. Às vezes se sentem solitários.

11. Se dão melhor com remédios naturais.

12. Têm inteligência espiritual e sabedoria.

13. Têm dons paranormais e lidam com eles com tranqüilidade, pois de onde vêm, isso é normal.

14. Têm telepatia, forte intuição, sonhos premonitórios e o dom da cura pelas mãos.

15. Alguns já estiveram aqui antes e alguns vieram de outros planetas ou dimensões.

16. Alguns são mais tímidos, outros mais desinibidos, porém, têm ótima auto-estima e tornam-se líderes.

17. Têm poder de associação e memorização rápida.

18. Identificam com facilidade outra criança índigo e conseguem se comunicar com outras crianças índigo, até de outros países, por meio da chamada rede telepática.

Como disse, essas são as características mais marcantes do modo como as crianças índigo interagem com o mundo que as cercam. Com referência à idade delas, estudos ainda estão sendo realizados, porém, a maior parte tem surgido nos últimos 15 anos. Isso não quer dizer que algumas não tenham vindo antes para abrir caminho às suas sucessoras. Acredito que sim, pois muitos índigos de hoje já são adultos, vieram para ajudar esse grande grupo a ser bem recebido, facilitando suas missões.

Se você se identificar plenamente com essas características, está na hora de arregaçar as mangas e cumprir sua missão, ajudando a divulgar esse momento tão importante para a evolução da humanidade. Boa sorte!

PRECE DAS CRIANÇAS ÍNDIGO

Não há dúvida de que essas crianças têm uma missão muito especial voltada para toda a humanidade. Assim, sugiro a leitura diária da prece a seguir, como forma de fortalecer o campo energético desses seres que vieram para ajudar a implantar a paz em todo o mundo.

Nós somos todas as Crianças da Luz e nós nos oferecemos a serviço da humanidade, porque a paz prevalece na Terra através de cada um de nós, de nossas atitudes, de nossos pensamentos. Agradecemos a todas as crianças que são nossos Mestres Espirituais, por terem vindo ao planeta neste momento, oferecendo seus dons.

Nós somos unos com as crianças índigo, nós somos índigos.

Conforme nos concentramos na Unidade, a Luz aumenta e nós iniciamos o Novo Mundo de Compaixão e Paz Planetária. Junto às crianças, vemos nosso mundo curado, e permitimos que esta visão se manifeste ao nosso redor agora.

Nós abençoamos as crianças que vieram para nos conduzir ao Novo Mundo de Paz.

(É recomendável que se faça alguns minutos de silêncio para ancorar esta energia e receber inspirações.)